Versos abuhardillados

Gabriel Briones Mardones

Gabriel Briones Mardones

Versos abuhardillados

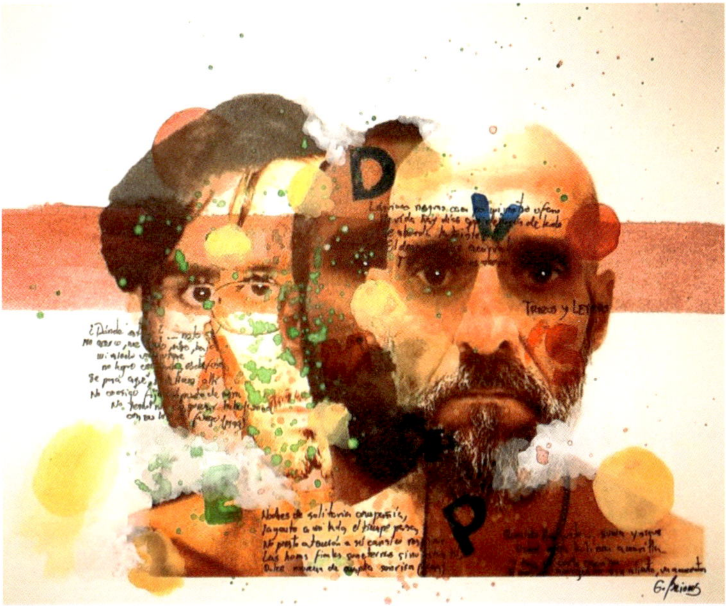

rapitbook

Primera edición: noviembre, 2024
Título: Versos abuhardillados.

07012 Palma (Mallorca)
www.rapitbook.com

Registro propiedad intelectual: GOIBE722539/2024
ISBN: 978-84-10484-12-2
Depósito legal: PM 00834-2024

Autor: Gabriel Briones Mardones
Fotografía de portada y contraportada: Gabriel Briones.
Obra de la solapa de portada: Gabriel Briones. Impresión digital, acuarela y tinta sobre papel. "*Distintos tiempos, la misma mirada*".
Edición: Andrés Cárdenas, para Rapitbook
Diseño original del logotipo Galgolivo: Gabriel Briones y Nino Simona.

Impresión y encuadernación:
Fotocopistería Impresrapit, S.L.
www.impresrapit.com

Impreso en España - *Printed in Spain*

A Lara, la niña de mis ojos.
A Alicia, el bálsamo de mi vida.

A Rafa Morales, gracias a sus cuidados
he podido
vivir para escribirlo.

Te quiero
te temo
pareces dios
mujer.

Lawrence de Al-Andalus
(le rèveil de l'automate)

No me pidas,
Amor,
Que sea tu amigo.
Soy parte de ti
Como tú eres parte mía
Si me pides tan poco
Sabes que me estás
Pidiendo demasiado.

Javier Revilla Cuesta
(El destino de los héroes)

PRÓLOGO

Para los que estuvimos allí, el reflejo es diferente. No es lo mismo ir a la guerra que te la cuenten por televisión. Una buhardilla es una ventana que da luz al desván de una casa. O un lugar por el que se sale al tejado. En los poemas de Gabriel están todas esas cosas. Nuestra banda sonora era la del hombre del traje gris, y cuando viviste en el negro, el gris es un color bastante alegre. Siempre hubo algo de luz, siempre pudimos huir por alguna parte, aunque fuera al tejado, como perros funambulistas. Del tejado solo puedes resbalar y caer desde un quinto piso al suelo de un patio de vecinos, pero también puedes mirar al cielo, intentar tocarlo, esto sería largo de explicar.

La poesía lo explica todo, pero es un lenguaje indescifrable, a menudo, para nuestro cerebro, y se puede entender sin comprender lo que se está leyendo. Durante aquellos años de supervivencia teníamos los ojos siempre abiertos, aunque entendíamos lo profundo tampoco comprendíamos la superficie. En estos poemas de Gabriel, escritos durante aquellos años, está una de las partes más importantes de su vida, según ha declarado él en alguna ocasión.

Los días pasaban lentos entonces, pero los años eran rápidos, seguimos cavando y encontramos plata, seguimos cavando aún con más fuerza y encontramos oro y sin descansar seguimos picando la tierra y entonces encontramos huesos encima de más huesos, ahí dejamos de cavar. Los poemas de Gabriel bailan dando vueltas hacia atrás, hacen piruetas, saltos mortales sin red y esperan la hora de terminar el espectáculo. Luego se levantarán las lonas y el aire fresco enfriará el calor de aquellos alientos, más tarde las gradas se volverán a llenar. Gabriel nos ha entregado Versos Abuhardillados ahora, cuando llueva y las aguas subterráneas encuentren de nuevo los cauces, esperamos recibir otra colección de poemas que serán para el lector, tan inspiradores como estos. Pero ya dije, que cuando has estado ahí, la lectura es distinta y la lucha entre dos espejos hace que uno se vuelva invisible.

Julio Silvio

La Mancha de don Quixote, octubre 2024

RE-PRÓLOGO

Albert Einstein formuló en su célebre teoría que el tiempo transcurre de forma diferente en función de la velocidad del objeto. Era un genio y hasta fue capaz de demostrarlo. Yo no puedo demostrarlo, pero creo que algo así pasa también con las personas. Hay largas etapas de nuestra vida que, en realidad, no son más que un suspiro. Sin embargo, hay períodos mucho más cortos que nos dejan tal huella que son casi inmortales. De hecho, a veces permanecemos de alguna forma en ellos por el resto de nuestras vidas. En la buhardilla en el centro de Madrid donde nacieron los versos abuhardillados apenas viví unos meses con mis dos hermanos poetas. Sí, solo fueron unos meses, pero su estela ha permanecido ya para siempre en mi vida. Gabi era mi amigo y en esos meses se convirtió en mi hermano. De paso, me regaló un hermano más, también atípico y bohemio. El mapa de la vida, desde entonces, cambió de coordenadas.

Cada vez que paso por el centro de Madrid me gusta alejarme de los turistas y los Mickeys gigantes para volver a pasar por delante de aquella buhardilla de la Calle Marqués Viudo de Pontejos. Entonces siento como si una pequeña parte de nosotros tres siguiera allí, viviendo con los gatos en las azoteas de un Madrid que ya no existe. No es melancolía. Al contrario, sé que a los tres nos costó, pero los tres, con nuestros puntos de sutura, ahora somos felices y siento que parte de la felicidad que ahora disfrutamos nació allí. Es, por tanto, como visitar un altar sagrado para mostrar respeto. Y dar gracias a la vida, por haberme llevado, en aquella época tumultuosa de nuestras vidas a encontrarme con mis hermanos, a los que tanto necesito, aunque vivamos a kilómetros de distancia. El espacio, por cierto, también es relativo. Otra vez el jodido Einstein, mira que era listo...

Si tuviera que resumir en una palabra este poemario, lo tendría claro: verdad. Cada uno de sus versos rezuma verdad. No hay Photoshop. No hay filtros de Instagram. No hay postureo. No hay ribetes de aderezo. No hay fuegos de artificio. Este poemario es una oda a la verdad. A la verdad de Gabi, cada cual cargamos con la nuestra. Diría que su vida al completo es un canto a la verdad, a la autenticidad, a lo genuino y espontáneo. Quien lo conoce, lo sabe. Quizá por eso huye de las redes sociales y, sin embargo, lee vorazmente a Milan Kundera. En estos versos abuhardillados, Gabi utiliza su mano experta de cirujano para abrirse a sí mismo en canal y mostrarnos a todos sus vísceras, sus fluidos y sus órganos vitales, incluyendo el corazón. Nos invita a ser el bisturí que diseccione sus entrañas. Háganlo lentamente y con delicadeza. Bienvenidos a sus tripas. Disfruten de la cirugía. Aunque al lector aprensivo cabe advertirle que leer estos versos pueden herir su sensibilidad. Queda avisado.

Para que este poemario haya visto la luz, ha tenido que llegar una etapa en la vida de Gabi en la que ya no quiere guardarse nada. Es un acróbata contorsionándose en el alambre y, lamentablemente, no es una metáfora. Quizá por eso era el momento de abrir las ventanas de la buhardilla de par en par e invitarnos a todos a asomarnos a los dilemas, las paradojas y los sueños de ese joven médico que se movía en vespino por las calles del Madrid de principios de siglo.

Personalmente, recibo estos versos abuhardillados con gran alegría. Por una parte, porque me transportan hasta aquellos meses frenéticos. Por otra, porque creo que ponen en manos del lector jirones del alma de Gabi, una de las más fascinantes y notorias que encontrarán nunca.

Javier Revilla Cuesta.

Horcajo de la Sierra, octubre de 2024.

Has visto en mí un salvador

Depositas tu equipaje en un vagón
que transita
sobre oscuros raíles inciertos.

Inhalas los obscenos humores
que exhalo.

Degustas las corruptas entrañas
que se desparraman con mi aliento.

Escuchas el quejido visceral
de un mamífero involuntario.

Entregas tu reino a un guerrero
con muñones por manos
y que en una demencia incoherente
se precipita desnudo
a una indomable y gélida contienda.

Compartes mi derrota.

Custodias mi agonía.

Velas mi expiración.

Amortajas mi muerte.

Amor has decidido llamarlo,
cuando puede
que simple y llanamente
hayas decidido, tú, mujer, ver en mí
un épico salvador.

Largas noches

Mañana, inminente mañana.

Hoy, angustioso hoy.

Si no hubiese un mañana,
el hoy sería insufrible con esta negra,
marea negra que anega mi mente,
en esta noche insomne,
hostil y pesarosa noche,
en estos últimos instantes de mi hoy,
para que, tras dormirme,
llegue un predecible despertar,
que se convertirá en un nuevo
y angustioso hoy,
para anhelar,

entonces,

otro inminente

mañana.

Dudas

Te amo…

No te amo…

Te amo…

No te amo…

Tendré que dejar de parpadear
para así

poder saberlo

según

te vea

o no.

Tú

Yo

Antonio Gachia. "La tristeza invasora"

Historias de amor

…………..Tú

…………..Yo

……….tuyo……….

………..Yo

…………..Tú

Mal poeta

Hay cosas que no escribo
por si algún día alguien las lee.

Otras las escribo
por si se leen.

Soy un mal poeta,
en otras palabras,
soy un farsante.

Al calor de una caricia

En el instante preciso,
el calor de una caricia
puede templar
un cuerpo desnudo,
entero,
desamparado a la intemperie.

Obtenerla es la incógnita,
remoto enigma ancestral,
búsqueda atávica,
que, como por artificio,
al hallarse, comienza,
con el mundo,
una reconciliación.

No soy un héroe

No me pidas coherencia,
no soy un héroe.

Mi coherencia
esconde soledad.

Nadie

Rasco…

Rasco…

Rasco…

Continuamente me rasco…

Llego a perforarme.

Veo a través de mí.

No encuentro a nadie.

Simultáneamente

Simultáneamente,
igual que el hielo
es capaz de quemar,
ansiar estar solo
y temer la soledad,
pueden ser la misma cosa
coexistiendo en una misma coctelera.

Pero no nos llevemos a engaño,
este sin sentido solo es viable
si nada ya
te duele demasiado.

Malos despertares

Un ovillo informe se agita
bajo las calientes,
aún sudadas sábanas.

Impertinentes
y descarados rayos de luz
penetran en la aún no realidad
y obligan a entrar en ella
con una cálida e irritante caricia
todavía oliendo,
yo,
a noche y digestión.

El cuerpo desea combustible
y arrastrándose,
sin estar del todo aquí,
rebusca entre cajas de caducados
alimentos.
Excipientes,
        estabilizantes,
                edulcorantes...
consiguen hacer,
de los despojos de matadero,
sucedáneos adictivos para la entraña.

Un reflejo accidental,
que casi pasa desapercibido,
me informa sin piedad,
que quien todavía,
mi materia desee,
únicamente puede hacerlo
por amor.

Me aliño con desgana,
con la sensación
de que no hay nada que ganar,
de que todo está ya
casi perdido.

Las cosas acontecen ahí afuera,
algunas se escuchan,
las importantes no.
Mientras, aquí,
en el interior de mi gruta,
ya solo se perpetra
la búsqueda compulsiva
y adictiva
de una cópula efímera, fugaz, impúdica
y obscena que
desata un vacío
que todo lo llena,
que todo lo atesta.
Un vacío donde nada más cabe.

Algunas certezas se presentan
sin pedir permiso,
por sorpresa
y sin vergüenza,
en momentos de pesarosa
clarividencia.

Certezas envasadas al vacío
sin fecha de caducidad.
Verdades impresas en 3-D con
indestructibles materiales
de ultimísima generación.

La tenue diferencia
entre la polilla esa que
se agarra a la pared
y este yo,
se reduce, sencilla y llanamente,
a tener la seguridad
de que no hay,

ni somos,

nada.

Vacío

Gira un cuenco…
el agua cae.

Gira un hombre…
el alma cae.

Gírame…

…

por favor, GÍRAME…

…

…

Desnudo

Una atormentada búsqueda me
mantiene
latiendo,
al encuentro de alguna piel
que me pueda proteger
de esta gélida intemperie.

Mañanas,
tardes,
noches enteras,
dedicadas a una neurosis
de constantes pesquisas.

Cada vez me quedan menos cajones
donde rebuscar,
menos habitaciones que desvencijar.

Me estoy quedando sin papeletas.

Ninguna prenda
se adapta a mis huesos.

Ningún abrigo me quita el frío.

Pronto solo me quedará
resignarme a fingir
o tiritar desnudo.

Hechos de este mundo

Hay una roca en el centro del tórax
que ocupa el lugar del corazón.

Agua de lluvia, clara y cristalina,
recorre las venas y arterias
anegando todas las cavidades.

Arena envarada rellena el abdomen,
allí donde debería haber entrañas.

Gases volubles, solubles, inflamables,
estructuran una etérea comprensión.

La primigenia inercia cósmica
nos mantiene en movimiento.

Hechos con este mundo estamos,
le pertenecemos.

Indiferentes.

Inanimados.

Inertes.

…

Crueles…

Tan tarde como ya

Tan tarde como ya,
tan pronto como nunca,
tan lejos como aquí,
tan cerca como lejos,
tan como como cuando
... cuando te empecé a mirar.

A mirar como hombre,
tan hombre como niño,
tan alto como infierno,
tan bajo como cielo,
tan cielo como donde,
... donde me empecé a acercar.

Acercar adentro,
tan duro como el aire,
tan blando como el hielo,
tan frío como el fuego,
tan cálido como porque,
... porque te empecé a desear.

A desear como llama,
tan llama que me alumbra,
tan fuerte que me asusto,
tan débil que no veo,
tan cerca que me quemo,
... que me quemo en un te quiero.

Motivos sin sentido

Hay una bestia encerrada entre hierros
de razones,
que pelea por huir
cada noche para verte.

Hay un animal lamiendo sus heridas,
que insultando grita,
alto,
al destino y a su suerte.

Hay un salvaje maniatado por cupido,
agonizando en su selva,
desangrándose,
al no tenerte.

Hay un mundo de caminos sin salida,
de motivos sin sentido,
que me impiden poseerte.

Indefensos

El día en que el respeto a los surcos de
su apergaminada piel
se pierda,
incomode e irrite su
oscilante transitar,
o empalague su torpe y grotesca
manera de tragar,
ya será tarde.
El futuro solo podrá ser incierto.
De cuajo
se arrancarán las raíces
de todas las estirpes.
No habrá testigos que nos recuerden
los errores
que hayamos podido cometer.
El presente mundo
se convertirá en una infinita
y eterna
sala de fiestas vacía,
eso sí,
rebosante de chispeante juventud.

Estás advertido

No hay vida sin sufrimiento,
de hecho, por si te cabía
la más mínima duda,
al nacer te lo dejan bien clarito.

Prolegómenos de una ausencia

Tardes frías tras mañanas frías.
Cabeza fría en corazón frío.
Jarros fríos de agua fría.
Asesinatos fríos a sangre fría.
Bragas frías en cajones fríos.
Maridos fríos con amantes frías.
Pies fríos sobre suelos fríos.
Caricias frías tras orgasmos fríos.
Sábados fríos con cena fría.
Grajos fríos del carajo frío.
Venganzas frías sobre platos fríos.
Paseos fríos en noches frías.
Todo lo enfrías,
          lo congelas,
                    gelificas,
si apareces,
para solo,
poder salir corriendo.

Suerte de esperanza

Las noches tienen lunas,
senderos las montañas.
Un hasta pronto culmina las despedi-
das,
acompañando a cada cierre.
Los océanos terminan en orillas
y las cuevas en salidas.
Los penares encuentran consuelo,
claros en los bosques,
nubes en los cielos.
Las tormentas se siguen de calma
teniendo un sentido tus lágrimas.
Fondos las fosas,
cada tristeza un poeta.
Tienen metas las carreras,
suponiendo un reto cada meta.
No hay abismo infinito,
teniendo un límite el dolor.
En siete días cierran las heridas,
habiendo un corazón que late,
dentro de cada hombre.

Puede que no esté todo perdido.

Aún.

Noches abuhardilladas

Mirando puntos fijos
me ha desensimismado
la noche invasora.
A traición ha llegado,
sin previo aviso.
Los pensamientos
se envuelven de oscuridad
al atravesar mis manos
antes de pegarse en esta,
casi siempre,
hoja en blanco.

Hay Luna nueva
y las estrellas perforan
el cristal de la ventana,
siendo multitud
los que ahora
recorremos este desierto,
escapando,
forzando la marcha,
de ella,
la infiltrante soledad.

El hueco y mecánico
sonido de un teclado,
oxidado,
impide escuchar
el plañidero parpadeo
de un inerte corazón,
el arrítmico latido
de un alma por construir.

Está ahí, en silencio, esperando.
Con el rabillo la veo.
Deshecha hace ya semanas.
Sudada.
Le doy la espalda.
Caer, no quiero.
Dormir esta noche,
no puedo.
De no cerrarlos,
ya se me sequen los ojos,
me sería insoportable soñar
que me quieren,
y despertar mañana.

Km. 0

Carteristas, busconas, yonkis…
mi nuevo barrio.
Chocolate con churros, oliendo a
gofre… Al despertar.
Fuego en el cielo, una vitro en el sue-
lo… sin, casi, poder respirar.

Entrando en metros,
empujando gentes,
perdiendo trenes,
para no llegar.
Somos tres cuerpos
aprendiendo,
juntos,
a sobrevivir.

Enfermera de noche, sin que ella lo
sepa,
mi nuevo amor.

Vagabundos, chulos, guiris... Aquí está
el ambiente.
Ancho de espalda, estrecho de culo...
Vecino mío seguro.
Chinos, neones, petacas... ¿Dónde está
la bolita?

CD nuevo tras cada noche entera,
viendo venir a morir.
Pírrica manera de compensar.
Encuentros fugaces sin conversaciones
previas.
¿Costumbre o necesidad?

Singular camino, que con cristales
rotos y a pies descalzos,
transito.
Nadie puede
curarme estas heridas,
pues no emanan sangre.

Aquí tengo que renacer sin del todo
haber muerto.
Aquí crecer siendo, hace ya,
un adulto,
al que nada ni nadie puede ya

detener...

Amor lo llaman

Mirarnos toda la noche sin mediar
palabra.
Añorar las palabras en cada una de tus
ausencias.
Sufrir duda a duda, en la distancia,
con los puños cerrados.
Anhelar beber cada minuto
el sudor, ya reseco, de tu piel.
Sentirme morir, sin latir, lejos de ti.

¿Es esto amor?

Cerraré la puerta al salir.

Crímenes de alcoba

A espalda descubierta,
yo.
El puñal en tu mano.
Breves las miradas,
ausentes de piedad.
Solitario el lugar,
susurrantes las palabras.
De reojo me mirabas
por tu intención homicida.
Ejecución impoluta
sin reacción posible.
Mi cara pasmada,
la tuya empedrada.
Tu alma impasible
mientras sangro de ira.
Asimilo el desenlace
en tanto ignoras mi agonía.
Es esta la ejecución,
de tu más flamante clavada.

No eres más que

            una asesina

                  sin sueldo

                        ni serie.

Desear e irse

Las cabezas se llenan
de curvas deslizantes.

Caminando por las calles
con los ojos en las manos.

Avidez insaciable
de fuego envenenado.

Pecados sin penitencia
deseando ser cometidos.

Talentos aparcados
por migajas a hurtadillas.

Deseos inconfesables
a cómplices sacerdotes.

Para al final,

una vez idos,

todo se olvide.

Rápido de amores

Soy capaz
de enamorarme
en lo que tarda
una lágrima
en caer,
desde mis ojos,
al suelo,
para desenamorarme
mientras se seca.

De risa

El poder escribir,
esto y aquello,
en una libreta
que anuncia ciprofloxacino,
nos hace estar
obligados
a descojonarnos
de los sentimientos.

Paradojas

Cuando, pensando en ti,
consiga en un baño,
masturbarme,
habrá llegado el día,
de poder decir,
sin el menor
género de duda,
que he dejado de amarte
o ,por el contrario,
que nunca
logré hacerlo.

Marcado a fuego

Aquí estoy de nuevo,
como el torero,
“solo, dejadme… solo”.
Mortal es la trampa como
para tener sueño.
Me engaño escribiendo y bebiendo.
Más debería.
Sigo siendo aquel niño,
escondido bajo la cama.
Tormenta en la cocina.
Que no vaya conmigo.
Hace tanto ya de eso,
que pasó ayer mismo.
Miedo disfrazado de furia
por una pluma,
paja,
pelo.
El terror al frío,
de una húmeda intemperie,
me ha traído,
vestido hasta los dientes.

Con chaleco antibalas,
de fogueo,
te he buscado.
Tú, no has estado,
ni te has acercado.
“My love”.

¡Gracias a Dios!

Embustes al descubierto

Soy el actor secundario
de un culebrón venezolano,
romántico,
pegajoso,
zalamero
y engañoso.

La tapadera del bote del deseo,
inconfesable,
de una mujer
por un amante de piel tostada,
torso de oso
e inmenso pene.

Jugador farolero lanzando órdagos,
a la grande,
para perder la partida,
con malas cartas,
dadas la vuelta.

Sin tardar
te darás cuenta
de que mi película
no es comercial.
Ni siquiera pasó
por cartelera.

A puntito estás
de descatalogar mi novela
para colgar el último “superventas”
en tu lista de favoritos.

Me habrás descubierto
y cuando acontezca,
con muñones por manos,
sudando en mi altillo,
haré salir fuego por los poros
de mi viejo computador.
Mi lucha poco más de aquí irá.
Se tratará de ver, resignado,
como con otro,

te vas.

El Piramidón no duerme

Dolor abdominal, ¡cirugía!

La línea amarilla,
hasta el final.

Sumando y siguiendo,
casi sin aliento,
aprendiendo a sobrevivir,
las venas,
sin sangre,
no echar gota
al mear
y en absoluta
inanición,
allí
estaba,

yo,

adecentando el final
de la línea amarilla.

Sígala,
le atenderán
sin preguntar.
Nada vale,
todo gratis,
a calzón quitado.
¡Cuidado!... el suelo mojado…
de sudor salado,
la lengua fuera
y el pijama
empapado,

yo,

sacando brillo al final
de la, perversa,
línea amarilla.

Noche y día,

de cada día.

Así es su ley

Pasa sin darnos cuenta.
Pasa de ti, de mí, de todos
nosotros.
Pasa rozándonos,
volando nuestros papeles,
como un cruel tornado.
Pasa del pobre,

del rico,

del vencedor,

del derrotado,

del amante abandonado.

Pasa irremediable,

cruel,

irreparable,

atroz,

violenta,

irremisible,

salvaje,

sádica,

inexorablemente.

Con el último gramo de esperanza
y con los días mal contados,
ya con manos sudorosas,
seniles,
temblorosas,
intentamos aferrarnos a
una fugaz y evanescente estela
que huye apresurada,
rápida,
atropellada,
como de nosotros miedosa,
temerosa,
olvidándonos para siempre,
sin mirar atrás,
como si nada,

la vida.

Flechazos

Sol en la tarde,
relente en el viento,
te vi,
por casualidad.

Elegante,
brillante y a la vez
comedida,
accidentalmente,
te descubrí.

En ese mojón preciso
de mi sendero,
un instante, contigo,
me senté.

Tu respirar casi sin aliento,
tu inaudible media sonrisa,
tu extraña estrecha presencia,
tu con el blanco de los ojos mirar,
me desnudó como a un preso,
tú,
ropa,
no llevabas.

Sin previo aviso,
sin planearlo,
nos parapetamos del cierzo
bajo cierta escalera,
para,
subiendo sus peldaños,
de tres en tres,
sin saber muy bien

ni como,

ni cuando,

ni donde,

un rato solos,

jugar.

Todo es más fácil

No te dejes engañar y
deja de buscar entre la ropa
sucia.
Allí solo encontrarás tus
propios estertores
sabiendo, de sobra,
que estos,
no te salvarán.

Amar debería ser una orden
cumplida estrictamente,
a raja tabla.
Escrito está
que el día
en que dejemos de sudar
lo haremos,
apelmazados,
unos encima de los otros.

Ciegos

Golpes a medias,
mejor no darlos,
no ayudan al que los da,
ni hacen sufrir al que los recibe.
Si sangras,
ahí tienes el chaleco antibalas,
de siempre,
para el próximo.

Al ver temblar tu labio superior
por primera vez,
supe, sin dudarlo,
donde reside la verdad.
Puede estar oculta
detrás de un chupado
papel de fumar.
Puede esconderse detrás
de un estar dormida,
aquí,
a mi lado.
La verdad puede ser como la luz del sol
y no verla nunca,
a pesar de estar viviendo
la era del "TAC cuerpo".

Muerte nocturna

El despertar nos informa
nada más llegar,
cuán cerca hemos estado
de la muerte.
Tan próxima que
hemos empezado a pudrirnos
por dentro, brutal
y faraónicamente.
Minutos tardamos
en poder emanar
por nuestra boca
todo el hedor acumulado
en nuestras vísceras,
de su nocturna descomposición.

Más fácil

Todo era más fácil
cuando no te quería.
Escucharte y entenderte,
consolarte y abrazarte,
Besarte y desearte.
En el preciso instante
en que amé tu alma,

comencé a alejarme.

Consumaciones

Después de eyacular
ya no somos iguales,
se terminó la función
y nos vestimos de calle.

Imposibles

Amar incondicionalmente…

No soy madre,

ni Dios,

ni perro.

Tú dirás…

No pares

Respira, respira, respira,
rápido,
respira rápido.

Respira,
sigue, sigue, sigue,
rápido, respira.

¿Te mareas?
¿Sí?...
pues así es vivir,

así.

Lo que somos.

Viene con el viento
que alisa las cimas
de las montañas.

Invade los silencios
ensordeciendo
los amaneceres.

Enfría la frontera
de dos cuerpos
compartiendo cama.

Desenlaza las palabras
de conversaciones
pendientes.

Mantiene, constante,
la caída
del gota a gota de los sueros.

La soledad soy yo.

La soledad eres tú.

Latidos nocturnos.

En ocasiones, de imprevisto,
como una señal,
noto como late
mi almohada.
Su muerto corazón,
de frío y soledad,
recobra vida,
haciéndome partícipe
de su rítmico pom-pom, pom-pom.

Hacemos buenas migas,
hablamos de los viejos
tiempos,
de los tiempos
futuros,
de los tiempos
que corren.
Hacemos el amor,
incluso.

Ideamos planes,
viajamos juntos,
nos enamoramos,
vivimos románticas veladas
a la luz de las velas en
París,

Venecia,

Madrid,

Lisboa.
Volvemos a hacer el amor.

De repente,
sin aviso previo,
se detiene,
se deja de escuchar,
desaparece
y me abandona.
Solo por levantar la cabeza
dejé de notar el latido.
Fue cuando me di cuenta
de que el corazón
que escuchaba
era el mío.

Sindrómico

Creo que tengo
tu síndrome.
He cumplido uno
de sus criterios mayores.

Hoy eyaculé
en un baño,
de hospital,
mientras me imaginaba
en tu sexo.

El segundo criterio es
que sucediese,
precisamente,
en un baño de hospital.

Tú

Obsesión.

Inspiración.

Espejismo.

Sueño.

Demencia.

Adicción.

Dependencia.

Necesidad.

Locura.

Tú.

Presencias ausentes

Puedo percibir
tu respiración
en mi espalda.
Puedo oler tu pelo,
suelto,
sobre las sábanas.
Sentir tu piel,
temblando,
en la noche.
Intuir los suaves
movimientos,
de tu cuerpo,
buscando posición.
Puedo escuchar
tus susurros
a mi lado.
Tus manos
me acarician
y tus labios
me recorren.

Ver tu mirada
en mi mirada
y mi mirada
en la tuya.
Mojarme con tu
sudor,
saborear tu
sexo
y a pesar de todo,

echarte de menos.

Habitaciones cerradas

La habitación está cerrada,
la llave puesta.
Está dentro.

Huelo a sangre seca
derramada,
hace ya tiempo.

Empuja
y empuja
y empuja,
lo noto,
quiere salir.

Hay noches
que consigue colarse
bajo el umbral
de la puerta
y escapar.

Me acompaña
y entonces
conversamos.
Recordamos viejos
latidos,
quejidos compartidos.

No me gusta su calor,
quema por dentro,
calcina.

De repente se ausenta,
sin disculpas.
Se disipa en el aire.

Lo busco
y lo busco
y lo busco
y al final
lo encuentro.
Soy yo
y estoy
de nuevo dentro.

Una de cuerpos

—Se ha ido.

—¿A dónde?

—A buscar otro cuerpo.

—¿No le gusta el que tiene?

—No es eso,
simplemente,
se ha acostumbrado.

—Pero... no es fácil
cambiar de cuerpo
así como así.
Esos propósitos
son muy costosos.

—¿Tú crees?
Es más fácil
de lo que imaginas.
Simplemente, tienes
que cambiar
de mente y
de repente...

"CHAS"

Cuerpo nuevo.

Escoge

Es infinitamente
preferible
no amar,

    nunca,

        a nada

            ni a nadie,

que tener
la total
incapacidad,

    de poder hacerlo.

Sentado

No pido.

.........Im-

pa-

cien-

te-

men-

te.............

Espero.

Dependencia

Si no estás,

no soy.

Quieras o no...

Quiera o no...

Epílogos del corazón

Derrotar un destino
por escribir.

Encontrar el camino
bajo la maleza.

Deambular por una pared
de hielo.

Levitar sobre las aguas.

Cuando un héroe
ama,
descarrilan las órbitas
planetarias.

Cuando ama
un simple humano,
el río se hace cascada.

Inviernos

Las sábanas
frías
de aquellos,
lejanos,
inviernos castellanos,
me producían
placer
cuando rozaban mi piel.
Se trataba
de ese placer
que produce el dolor
al saberlo efímero.

Los inviernos aquí
en el mediterráneo
son otro cantar.
El frío se queda
hasta el final.
Necesitas cuerpos
a tu lado
para dejar de tiritar,
respirar,
y poder así

    aguantar con vida.

Juegos al solitario

Si hubiese eyaculado
Adolfo aquella noche,
Polonia no hubiese
sido invadida.

La Rusia comunista
sucumbió
en el momento que
apareció
la eyección mensual
en la cartilla de
racionamiento.

Pon a todos tus vecinos
a eyacular
y se pagarán,
sin demora,
todas las derramas.

Ten un orgasmo
pensando
en la madre de tus hijos
y desearás
pediros una segunda,
tercera,
cuarta oportunidad.

Alíviate sobre las facturas
de la luz,
comunicados de hacienda,
cartas del juzgado
y aceptarás,
sin excusas,
tu culpabilidad.

Roma se forjó
en el deseo,
al fin consumado,
de una constante,
masiva,
pública,
y obscena eyaculación.

Un consejo,
correos tu mujer y tú
antes de tomar
aquella decisión,
sin duda,
será la correcta.

Clase de geometría.

Ningún punto… Nada.
Un punto… Un punto.
Dos puntos… Una línea.
Tres puntos… Un triángulo.
Y así hasta el circular infinito.

Ningún yo… Nada.
Un yo… Nada.
Dos yos… Nada.
Tres yos… Nada.
Y así hasta el esférico vacío.

Amores que matan

Vestida de látex.
Recorriendo Barcelona.
Buscando cocaína.
Follando con travestidos.
Entablando superficiales relaciones.
Saboreando las mieles del cortejo.
Fingiendo orgasmos.
Haciendo tríos.
Buscando calor efímero,
para no dormir sola.
Teniendo novios, novias.
Escapando del enemigo etéreo
que siempre te acompaña.

Así te conocí,

así.

Así enloquecí,

así.

¿Quién me lo explica?

Convivo con
el deseo de
quererlo todo

“YA”,

Junto con
la sensación de
no querer nada

“NUNCA”,

dando igual
lo que tenga,
o deje de tener.

Fuego.
Hielo.
Coexistencia.
Mera utopía.

Desear estar solo,
odiando,
a la vez,
la soledad.

Camina con ello.

Pidiendo imposibles

Quiero verlo
todo,
pero mujer,
no me exijas
que mire.

Lágrimas de aderezo

Llorar porque sí,
nos hace de nuevo
humanos.
Las lágrimas,
al caer
mojan la arena
y el barro formado
mancha las ropas.
Tus ropas.

Llorar sin razones,
la gente se trata.
Para mí
tiene sentido.
Es como
el dolor consentido,
un juego,
placentero,
si no llega a determinados
umbrales.

Pero solo
si lo puedes compartir.

Solo acompañarte

Siendo tu destino
la soledad,
nada puede hacer
mi amor,
humano,
al respecto.

Otro de huidas

Quiero el alma,
tu alma sin
fisuras,
no pudiendo evitar
conformarme
con menos,
para inmediatamente
pasar de
anhelarla
a quererla abandonar
y apresuradamente,
desear salir corriendo.

Incendio ahora.

Iceberg luego.

Malentendidos

Hablábamos y hablábamos.
Nos autoenrocábamos.
Nos gustaba pensar
que éramos distintos,
exclusivos,
diferentes,
complejos,
pero resulta,
que al final,

tú,

solo deseabas un hogar,
una boda,
un hijo,
mientras

yo,

aquí sigo,
deseando a todas
y aún no sé
si a alguno.

Un clásico.

Resultará, al final,
que todos
somos de derechas.

Suspicious mind

Si de repente
me girase
en un pasillo,
cien cabezas
vería girar
intentando disimular
para correr después
y hacer corrillo.

¿Tan grave fue
mi pecado?

Presión seminal

¡Quiéreme!
Se escuchó gritar
desde el asiento
de atrás del coche
en el que acababa
de cometerse
el primer adulterio
del recién nacido milenio.

Todas las flores
de color,
regadas por
lágrimas
en los años pasados,
acababan de ser
segadas.

Un cuervo,
del tamaño del universo,
aún ostentaba,
en su pico,
restos de plumas
de las alas
de Cupido.

El ángel
había desaparecido
en las fauces
del sultán del pecado,
a la sombra
del árbol del deseo,
en un cable
de alta tensión
seminal.

La simiente pugna
por ser derramada.
Es un coágulo
que emboliza
el sentimiento por expresar,
isquemiza
al hombre más leal,
al amante poeta,
al cantante y su bolero.

Se trata,
sin duda,
de un dulce fluido
para el consumidor
de corazones.

Fluido vital

Me gusta,
de vez en cuando,
ver salir la sangre
de mis venas.

Me hace cosquillas
mientras hace reguero.
La chupo,
sabe salada,
como a mar.

Mancha mis dientes
en una sonrisa
macabra.

Realimenta mi cuerpo,
como un residuo
ya usado.

Por todo esto
me gusta,
pero sobre todo,
porque me cuenta,
con un tenue susurro,

que sigo vivo.

Evitando heridas

—Últimamente, enciendo
una velita,
en la noche,
al acostarnos.

—¿Cómo así?, ¿siempre?

—Sí, siempre.
Tengo la sensación
de que me protege,
nos protege.

—¿Siiii…?, ¿de qué…?

—De ti.

De mí.

De nosotros.

Mi amor.

Pasajes prescritos

Rebuscando entre
los papeles viejos que,
siempre,
atiborran mi mochila,
he encontrado
un billete,
ya caducado
de ida,
con vigente vuelta.

Lo guardaba
como quien guarda
pan duro,
por si vuelve la hambruna
tras una invencible contienda,
sabiendo,
además,
que ese duro mendrugo
no podrá
salvarte de nada.

Todo está escrito

Millones y millones
de actores
escapan
de los genitales
con cada orgasmo.
Es como recorrer
"la Gran Vía"
e ir corriendo
todos los telones,
tras abrir
cada una de las salas.

Los acontecimientos
acontecen,
irremediablemente, suceden,
lo queramos
o no
y eso
es así.
Así es.

Rompamos el guion,
actuemos de memoria,
interpretemos falsos papeles,
sin por ello
dejar de llorar
en cada escena,
ni de amar
en cada fotograma.

Las películas
se repiten.
Hay poco ya
de lo que hablar.
Siempre vuelven
las mismas estaciones
y siempre nos pillan
con la ropa en el armario.

Poema sobre el amor

Evito ahora con amor
lo que buscaba antes,
en ti,
con su ausencia.

A pesar de todo,
ambiciono tu espíritu,
tu espíritu sin resquicios,
un todo tú,
un tú sin grietas

Solo con fantasear
que no te amo,
eres
lo que más deseo.

Epílogo

No tuvisteis ninguna,
ninguna oportunidad.
Se trababa del dolor,
miedo al dolor.

Las certezas que
el viento
y el tiempo
traen,
años después,
me han confirmado que,
ese terror,
no se trataba de otra cosa
que Ketchup
aderezando la escena
de un falso crimen.

ÍNDICE

Has visto en mí un salvador 15
Largas noches 16
Dudas 17
Historias de amor 18
Mal poeta 19
Al calor de una caricia 20
No soy un héroe 21
Nadie 22
Simultáneamente 23
Malos despertares 24
Vacío 27
Desnudo 28
Hechos de este mundo 29
Tan tarde como ya 30
Motivos sin sentido 31
Indefensos 32
Estás advertido 33
Prolegómenos de una ausencia 34
Suerte de esperanza 35
Noches abuhardilladas 36
Km. 0 38
Amor lo llaman 40
Crímenes de alcoba 41
Desear e irse 42

Rápido de amores 43
De risa 44
Paradojas 45
Marcado a fuego 46
Embustes al descubierto 47
El piramidón no duerme 49
Así es su ley 51
Flechazos 53
Todo es más fácil 55
Ciegos 56
Muerte nocturna 57
Más fácil 58
Consumaciones 59
Imposibles 60
No pares 61
Lo que somos. 62
Latidos nocturnos. 63
Sindrómico 65
Tú 66
Presencias ausentes 67
Habitaciones cerradas 69
Una de cuerpos 71
Escoge 72
Sentado 73

Dependencia 74
Epílogos del corazón 75
Inviernos 76
Juegos al solitario 77
Clase de geometría. 79
Amores que matan 80
¿quién me lo explica? 81
Pidiendo imposibles 82
Lágrimas de aderezo 83
Solo acompañarte 84
Otro de huidas 85
Malentendidos 86
Suspicious mind 87
Presión seminal 88
Fluido vital 90
Evitando heridas 91
Pasajes prescritos 92
Todo está escrito 93
Poema sobre el amor 95
Epílogo 97